ΑΊΛΟΥΡΟΣ

РУСЛАН КОМАДЕЙ

Парад рыб

Ailuros Publishing
New York
2014

Ruslan Komadey
Parade of Fishes
Poems

Ailuros Publishing
New York
USA

Подписано в печать 23 сентября 2014 года.

Редактор Елена Сунцова.
Художник обложки Ирина Глебова.
Фотография Екатерины Гришаевой.

Прочитать и купить книги издательства «Айлурос» можно на его официальном сайте:
www.elenasuntsova.com

ISBN 978-1-938781-28-5

Памяти Евгения Туренко

***

Этот день относительно пахнет травой,
и не гаснет погодой прошитый пейзаж,
и Туренко по тексту живёт как живой,
а не вечный «покамест»: поймёшь — не предашь.

Слышно всё, и какое-кому-почему...
Звук повиснет как ветер без пауз и слёз,
и, как снег, тонет водка почти как Муму.
Нет печали и памятник светом зарос.

Как взахлёб, города попирают слова.
Дай на память как нищий, я вспомнил-забыл,
как зовётся трава не травою сперва.
Ну и что, что вся память как Нижний Тагил.

Так живёт обезвоженный частный ландшафт
без границ и без граций, листая людей.
А Туренко смеётся, закутавшись в шарф,
в окруженьи безлиственных букв и ветвей.

***

Ни запомнить, ни во сне продлить
точку для дырявого вина.
И глаза плывут, как корабли,
в сторону, где корчится страна.

Там — дворец, чей корпус распилив,
зодчий отплатил за темноту,
там в кармане яма без перил,
и свеча, моргающая тут.

Тлеет ветер, не пересчитать
ни воров, ни вкопанных дверей.
Ты дрожит в углу, как нищета.
Жди, не бойся. Сжалься. Верь-не-верь.

Спит в затылке лампы мотылёк.
Очерти: нет речи ни в глазу.
Постели мне, чтоб я на пол лёг.
Темнота похожа на мазут.

***

лето лохмотьями сны одногодые
скрадывать в проверочных небеси
осыпью бо́жества и подобия
отмелью земных узлов и до сих

западней пристань темнила над книгою
и тулова букв гнала как телят
водную порознь на́сквозь выколю
лакунами кровного бытия

а по преданью остыло уныние
ссохлись отражения и листы
божемойбоже пиши что отныне я
не предавай не льсти

***

чересполосицу и проливные дни округи
я сматывал перенимая тени вдруг
по-завтрашнему веря на пороге
что я заржавлен или не продрог
а даже тьма не видит сна и входа
а по слогам следов не укрупняй воды
и отраженье продлевает убыль
или беда видна не с высоты.

***
время засвечено я пылю на него
хлопья ви́тых шерсте́й запеклись на весу
тают как градусник вкопанный как Восток
но их сгорают как лядвенную овцу

кожаный как сапожник возникаю днесь
столбиком слуха мой голос лежит вразброс
не возвернись обделённый Пелопоннес
или в ладони сожми Италии гроздь

швейным рулоном отделайся и застынь
осень в придаточном стаде сама не свой
время овечье замолкни при чём здесь ты
я закругляюсь и праздную Рождество.

***

и снег ослеп и сны не пережить
в индийских коробах слюнявой белизны
редеет голытьба но дни уже сожгли
а листовую соль в огне ополосни

наступит здесь и вперемешку лик
остервится кудлатый но слепой
он чёрствой седины жалел ещё подлить
безвыходной водой взимая путь и плоть

а потому мосты безвыездны как снег
бряцáют острова в колодезной ведре
калёный снегопад не гладил и не смел
пускай себе лежит на земляной одре.

***

Корабль, как бабка повивальная,
скрипит в сети иллюминаций.
Тебе нужна каюта спальная?
— давай меняться!

Но я во сне увидел Беринга,
он грёб, исполненный спокойствия,
держа в руке бутылку «Беленькой»
без удовольствия.

***

ветер шелковичный
«навсегда присвоенный не мной»
дремлет в Закавычьи
плоско и темно

зона отсырела
тает заграница по вискам
и слюдой апреля
время дорожает как Москва

не стучи по взгляду
колются червивые мешки
на Востоке сяду
завязать шнурки узлов морских

где над пеленою
клином западают берега
взлётные герои
косят на меня как на врага.

***

Пыжатся рыхлые листья жары,
пасынок-свет отнимает получки.
Хочешь монетную яму урыть,
поле получше?

В ржавой муке шелестит колесо,
в тошной саванне — соломенный айсберг,
блудного хлеба песочный кусок,
детство без азбук.

Бисерный полдень раздарен взамен
сумрака, отсвет петляет как ветер.
Голод заткнулся вдвойне и к зиме.
Я не заметил.

***

магазины разнимают рты:
колыхаются как на параде
телефонного дыма венки
ордена как накладные рвы
и ветров листовое радио
смех и голос в ладонь воткни

перьевой снег уже не отвадить
в полымях жар-птенцов — блицкриг
пообщипывались
и хватит

а цены вламываются в дом книг
и приказывают о захвате.

Амфиболия I

застарелых цветов, пересылочный, полк,
замерцает, в тылу, притоварный, тагил,
разгружаясь, во мглу, словно лажа, на пол,
в шерстяных, небесах, где колышется, гимн,
прободному, народ, подбоченясь, живёт,
по следам, белолицых, акаций, а то,
а глаза зацвели, и ревёт, муравьё,
в колыбельных, оправах, погоды, отток,
и снуёт, на весу, самопальный, как счёт,
не огульный, творец, а заметный, бардак,
и хана во дворе, и мизгирный значок

по подвалам идёт проверять паспорта.

***

перелом посевного ума
пеленой замешает шаги
в кружевах продувных — это мать
помоги наяву угодить

перепахан костёр от руки
очумелое облако спит
угловатая осень вредит
и узлами взаимно рябит

а напрасны — лица полынья
одинокой длины голоса
где не видно дымов где меня
можно спрятать в глаза за глаза.

Показания пулемёта

Мозоли жгут в слоёной давке писем,
живу не в счёт, но доживи до трёх.
Был тесный день почти машинописен.
Попутно плыл асфальт, но наутёк.

Ковры воды, не мешкая, но плача,
гребли на брудершафт в заоблачное дно,
где званый солнцепёк как голос раскулачен,
и эхо отекло в миндалинах длиннот.

Попытки нет, но умысел запаян
в треногу для голов, в безбрежные часы,
где чёрствый ква-квадрат, заметный как Чапаев,
уродует Урал, и дышит не в чести.

Переносные рты дотенькают до ручки,
окрепнет мерзлота как перекрёстный зуд.
А в зареве воды — брезентовые ру́чья
споткнутся обо мне и некого спасут.

***

время чугунной сидит ошибкой
праздником выдоха и родства
жители осени на отшибе
жухлые колья а в них — слова

раскочегарят листву и мимо
запахи сходятся не на всём
встречные черви двойны и мира
мы не отвертимся и спасём.

Амфиболия II

ни к чему закончится потолок
горловая лестница напролёт
метель падёт белизна пестрит
следы-простыни на пути
седой воздух зрением угловат
киловатты-головы жрут едва
в проходных ожирела тьма
умирая скрючившись как тюрьма
погода заточенная лицом
гаснут стены которые Виктор Цой
семечки-отсидки не запершись
жарят зиму замёрзшую как фашист
зубы заговаривают за жисть.

Родина Нижнего Тагила

ветром светают лавровые листья
на горизонте одежды седой
в пору гора расползается Лисьей
город развенчан по швам высотой

сам я с погодой меняюсь местами
переминаюсь и воду сушу́
пробую помнить и горы настали
дай мне поверхность и я совершу

либо взлечу обогнув до отсюда
нити и выи кровя из себя
крапинкой толстая тьма неподспудна
не по себе мне тельняшка сия.

***

рухнула цевка-тьма
и озимые клёвом рыть
открываешь глаза а там
спрятались горы рыб

я до тебя — бетон
семенной промежуток вех
укротись перьевой бедой
клю́я: от сих до всех

ростом трава с траву
а затронешь — не донесёшь
из окна вопиющих труб
каркает жжёный дождь

как же ты никуда
потеплея плыви в золу
поезд брызгал кудах-кудах
я тебя никому.

***

рыбы в потёмках ветрены но скуласты
заморозь года сходится на потом
отроки виснут десницами и от лязга
в лужах накапливается потолок

корни отцов лоснящихся по округе
горе по локоть — заговор напрямик
скрипом измазанные как руки
и самодельны колики горемык

падалью свёртываются набок тени
вдоволью незажиточные кроты
щель проворачивается но пустеет
рыба ребёнка ловит из темноты:

Татьянины дни

1.

против тече
это не я
выломал реку-оправу
рыбьи очки водны края
темень сощурится плавать

за день до сна
дно на мели
но улетит плавниками
между собой прочих молитв
снегопись зубы оскалит

слеп по прямой
выход по швам
мост выпивают и тают
я шёл по тьму — что ты нашла?
— мячик и Таню.

2.

страус крадёт запасной вариант
завтракай мимо и спи окромя
крейсера вора и крейзи Варяг
в плавках шмонают края за края

просто низина взялась утонуть
прошлая яма молчит за вчера
явная Таня поникла ко дну
надо бы выловить, удочеря...

Наполеон

мне усталость — твоя ватарба
априори — моря — не моя
отдыхать по пути или брать
маскировочный остров-маяк

крыши тéсны — сухой шелухой
горлопановой стаей садов
трут холёное время — вихрой
переплыв как Георгий Седов

за тебя — ни травы ни поднять
под глазами — гребцы где видны
дойный день и сукрóвица дня
вплавь рябили огни-ни-ни-ни...

***

Александру Смирнову

Свет приснился словно интернет,
лето отсекается подавно.
Мимо смотришь на себя в ответ,
а в ладонях темнота и давка.

Пальцы огрызаются как сон,
доверяют скомканным карманам.
Свет сегодня словно колесо —
крутит у виска почти как мама.

Дождь, уставши, ждёт меня в лесу,
и слепые руки крошат темень.
Свет проснулся ни в одном глазу…
Извини за тьму, мы не хотели.

***

Тропа беспробудна. Не встреть по одёжке цветы,
в саду, где разлитые запахи вширь.
Споткнёшься наотмашь — мираж обмелеет впритык
на вздохе, когда за душой ни дыши.

Вспорхнула дорога и вскользь сыплет воздух, сопя,
и камни латает, и вяжет жара.
А город пуглив, благодать високосна зазря,
и солнце качается словно жираф.

По швам расстояние треснет, загнётся закат,
из озера лёд возвратится на юг,
где поле слепое от ветра, прогнувшись назад,
навзрыд и сполна отбивалось без рук.

Пусть клёкот ворованных листьев замрёт напоказ,
не целясь как надо. Я выдохну сон.
Заплывшее утро ветвится огнями у глаз.
Наверно, пора выносить этот сор.

***

спи безмятежно и оптом
то есть не слышно ни снега
что ты моргаешь по окнам
и подражаешь предметам

влажным а то не наружным
заполночь вне оборота
голос примерно разрушен
и без заботы суббота

вянет в отверстии снега
что за слепая отмычка
не замыкайся как небо
это плохая привычка.

* * *

Артёму Быкову

Протяжный черновик, чахоточный от смысла,
дряхлеет как порог в разменности дверей
прогорклого вранья, где азбука прокисла.
Сегодня — пожелчи, и поздно — пожелчей.

Обмакивая в ночь вязанку снов и взгляда,
загадывай назад: смешно искажено,
где жвачное тепло плывет враздрай как стадо,
и крошатся слова как падшее окно.

И напиши на мгле: *я ветреник повтора,
бумага без дверей, восход не перекрыть.*
Я изначальный смех загнал, как поезд скорый,
но эхо из горла́, как грех, пытаюсь скрыть.

***

миг машинально протяжно создан
всё ещё заново существует
ветви прилипчивые как созни
дыры глядят листву круговую

то ли ты шастал светили светни
солнце избавилось от лученья
темень отмахивал как качели
как глаза руки корни и ветви.

***

траву за снег сдвигая
шум за разум
я отнимал от нас
повторы стука
как ни разу
где тополиным гулом
стянут туго
сквозняк
от форточки до спальни
где супруга
темна и свет жуёт
её не жаль мне
и мы водой
не падаем друг в друга
а молоко жены
свернувшись в ругань
течёт по кругу.

***

Ни сумы, ни хлеба, ни меди в поясе...
Закрома по-пустому темны и жалки.
Воробей, как ветер, в ветвях устроился,
а в ногах берёзы лишь пни и галки.

Понарошку праздник, в дом нищий просится:
дайте чёрствых монет и мозолей горсти!
И твоё, и чужое, — как ножик пó сердцу,
— Поминальный обман. Приходите в гости.

На дороге связки следов, как свеча за пазухой,
в переулки травы не ведут, ни видят....
Ты попробуй смолчать, ветер вытри насухо. —
Ничего не выйдет.

***

Навскидку здесь — растительный февраль,
ладошка для усидчивых собак.
Я — понарошку, но себя не врал,
я переадресовывал себя

к цикролевым полётам, где в петле
крошилась россыпь утлых лебедей.
Не улетай, я тоже буду тлеть.
Не подражай дрейфующей беде.

Взыщи взахлёб крылатое пшено,
зубами ёкни молча и в мороз.
Кажись плакучей и вместительной женой.
К чему кусаться зря? Не барагозь.

***

Саше

я проспал лицо твоё в ночи
а листва склонилась надо мной
время коченело как очки
окружая числа за окном

на углах осунулись следы
ты не успевала остывать
а в ладонях скользких и седых
тают расписные острова

круглый ветер цвиркает в часы
полностью растрачено лицо
город словно горло прочеши
удивись не шарфом а кольцом

ты не запечатаешь глаза
время застревает на весу
листья смотрят вкось а мне нельзя
небо, не пугайся, я — внизу.

***

Не говори, что жена пожелтела от солнц,
руки разрушены, рвутся кусты-города.
Сон безответен назавтра и воздух трясёт.
Страшно во тьме в одного голодать.

Голову су́ши склоняя на тощий ковёр,
жирная засуха рану реки бередит.
Кровными числами трав меня месяц повёл
к зарослям, где отцветал календарь впереди.

Длился заезженный запах, сидел как скамья
или усталость на согнутых ло́ктях земли.
Слышу: кондовые стены деревьев с нуля
как часовые приказывают: замри.

Затхлое прошлое вслух колупает висок,
клочья промышленных чаек глотают огни.
Видишь, завис пыльный ужас, костляв и высок.
Взгляд затекает... — моргни.

***

Ребёнка держать за рукав. Нет, детей…
(снег нитевидный).
Глаза засыпай, тяготей, темнотей,
отрок гибридный.

Подарочный подвиг в количестве два —
(тень алфавита).
Трепещет от ветра зубная листва.
(скройся для вида).

Домой после дома в недетский Содом
(в потемках за ручку).
Заика твой дед: про потомков, потом —
про пра, правну́чку.

* * *

не обижай мой Бажов инвалидов подземным трудом
капли проколоты вертится снег колесом
не устаёт наставать осень бесплатно
цепи из ветра пролёты прохладно
тень осыпается в пальцы поди-собери
грабит хозяина медного таза дыры
дым нападает на выдох как дура на одурь
Пепел Петрович хочет казаться седобородым
пригоршня леса устала не быть молодым
россказни жидкие не приставай
тыдыдым

***

нас и тебя
дует туда
ветра толпа
словно тропа

а на потом
тёмностью той
липкой путёй
или как дом

гаснем и всё
сном упасём
верх оснастён
под длиннозём

и по землёй
длим мотылёк
тьмой и петлёй
ляг а не лёг.

***

Полёты на нуле,
где Парщиков охрип,
он ныкался в земле
от водородных рыб.

Он мерил на лету
попеременный свет,
как бабочка во рту,
петляя или нет.

Засмеяны уста,
а голос не к лицу.
Темно и неспроста,
и нет конца концу.

***

я зажму траву в опустелый круг
где кончалось это зачахнув то
и в округе рук только я и вру
сею в землю сад и сную зато

постарела корчь у холмов травы
календарь трясётся как вздох как все
пусть таблетки пухнут от головы
сокрушаясь кружатся в колесе

или сторож столб поселил не в здесь
окрестил прохладой и поредел
солнце светит сердцем как молодец
и трава как имя всему предел.

***

Заартачен порог, никуда нету дела
в рудниках философских камней,
а бесхозная блажь отродясь прикипела
ко мне.

На обочинах света и впадинах ветра
вырастают кусты-костыли.
Небо выгнуто навзничь и ветхозаветно
с земли.

Спит лукавая тьма из белесого горя.
Не чурайся, вокруг — города
голосят наобум, дымно чахнут и спорят
всегда.

***

изобретатель снега шьёт рубашку
он уродился и
        оболган в срок
его накрыло **вечером** как башню
где выжжен **верх**

      примятый как метро

в галдé окна он   не бросит
     рукава
оживлены
    как громкая трава
копая в днях передовую осень
     стойма на головах
родительно

он ошивается у инея без тени
изобличая дно
    без памяти
        следя
за ростом снега,
      что шнурует темень
и замерзает ветром
    как дитя:

    вырасту
напополам я   в рубашку!
тень
на башке — летящая дитём...

так писчий сын зачёсывает в шапку:
изобретённый   изобретём!
    снег

43

Следы цвета

*

удержи увядание
за ветвь света
скошенную
как ни туда
трава перелётна
и зрение безответно.

*

у нас навсегда
заживают дети
кубики окон
машинальный снег
не хочу повториться
а ты уже нет.

*

горе займёт
пыль минут
ни места
центральный взгляд
опять передвинут
вовнутрь.

*

дитя половины дня
невидно
а там где даль
пятна
и клювы цифр
похожих на клювы.

***

затмение матери
у меня два голоса
способы для съедения
греться на автомате
в воде иголок
снегопад без денег
по голове колошматит
разведение
крупнорогатого снега
преследуется как знамение.

Из цикла «Конец свадебных коннотаций»

во мне светится обручальное колесо
засветло пора надевать кровать
мериться буднями лицо поднести в лицо
на столе — гости пора накрывать кровать

нечему маменька вглядываться в тела
колю расхаживать и посылать в потом
мама земская мама ты же не родила?
в лужу отходят воды и после них — потоп.

***

Александру Петрушкину

Стук по дождю (а внутри — пол-облака)
перекликается с радиусом травы.
Зимы расширятся, а мне побоку,
лишь бы проветривать голос, влипать, не выть.

Воды сидят, и дням в оправдание
склочная осень без очереди в пути
видится в профиль, затёртый в здания,
как алфавит, вспаханный голосом птиц.

Сзади у цифр — есть тесьма как лестница,
куришь подъёмно — не сосчитать кое-как.
Реки тягчают в крови, и грезится:
дети воды запеклись на моих руках.

Сам я — не выспренный, выше зрения
топчется облако озером кровных мест.
Взгляд неопавший есть взгляд вневременный…
Дождь режет словно головорез.

***

мнил дневальный голубь
забурёл и слёг
разношёрстный голод
из коротких крох

родина отчизны
зыбкия края
шибкие очистки
перья окрыля

мажет ветхий птенчик
но впадает в грунт
футеровка течек
футеровка труб

замысел заклёван
но цветны цветы
у земных полёвок
гнёзда не святы́

города как гроздья
где сквозят птенцы
клей пока не поздно
цыпацыпацып

Любовные эллипсы

1. Я

ты меня любила не прочла
буквы размокая словно грязь
слёзно из колодца налилась
вот такие зримые дела

в отраженье ты не родила
мимоходом или наутёк
в день рожденье мятого тепла
подари мне нужный кипяток

забери наручные дела
оживи воскресную струю
и опомнись загодя дотла
полюби что я тебя люблю

а зимой пойдём на небосклон
где целует зоревая мгла
поделом подавно и в наклон
ты меня любила без падла.

2. Ты

знаю ты удумала меня
вне порядке горькие глаза
заливалась озером маня
угрожая ветром как гроза

выселила голос из себя
опустела словно самовар
и пришлась пылая и любя
ко двору как тамошний товар

что тебе обильные глаза
запустенье сумрачный покой
солнце осыпалось как слеза
кто тебя осушит и такой

кроме дня не выдумать никто
так тебе и надо ну и на
я уже попробовал зато
страстную мечту и тишина.

3. Т е б я

в поле лузгай децибел
я тебя успел

солнце жухлое зажгло
сердцем полегло

под дорогой жмут следы
лесенки и льды

разный странник без бахил
я тебя в тагил

под ногами дно срослось
не опять а врозь

ночь склоняется к нулю
люблюблюблюблю

***

Елизавете Шершнёвой

цветочная тьма я разгладил морщины её
печалься в обличье когда снизойдёт виноград
во вретище — тёмно и я обретаю жильё
пойдём до дороги там голод и тёплая грязь

слова обустроены как пожилые дома
не слышно как рамы стрекочут и вдруг никого
так заживо вянет больная и горькая тьма
спаси её самую обледенелым цветком

продли все мозоли и таловый возраст без слов
когда оторвётся дорожная пыль насовсем
мы — башни а город в затишку не примет домов
пойдём и заметим безвременье дней через семь

и там оборотом окажется верх вдалеке
и зарево крыши расчертит слова на слова
не ешь облаками они тебя ждут налегке
и не понимают чем кончится эта трава.

Хроники цвета хаки

Алексею Русских

1.

повернула голову страна
— скопом золотистая война

спрашивает с маминых волос
как сиделось? что тебе спалось?

облак светит мама дотемна
мает руки брешет как страна

пожинает пролитый платок
кто нас плачет, я ему никто

маму буду думать и смотреть
как отрепетирован портрет

и до блеска выжжена война
мама заземлилась и равна

дням-вагонам мальчикам-шагам
я ей оживаю по слогам

шевелеюсь падаю долой
сапоги гляжу из-под золой

мама собирайся на парад
не забудь взять фотоаппарат!

2. Интервенция

мы здесь а не когда-нибудь
пересидим на травяных войсках
мы вглубь — они нигде гребут
от облаков в бездетный водостав
до памятства и отродясь
они седеют мимо берегов
они как он мне зуб отдаст
не голоси и пуще не голгофь
во вред размашистого дна
где хаки вытирает об траву
твою страну и где она
закончится и где её живут
окопы сбрили имена
летит трава гурьбой по животу
трясите землю
нет меня
и мы осядем тут как тут.

3.

поздно в окне кина
поезд снега давится виноградом
проплывает бриллиантовая война
фабулой дыма дом живёт рядом
я оживаю ему вдогонку
временным животом по стене ползком
смазанной пуповиной вывихнутой ребёнкой
хроникой седеющей под замком
мы сдуваем тени оператор стареет враз
и нигде-нибудь нас сожмут в пелёнку
и в темноте снегов за глазами глаз
выдавит засвеченную киноплёнку.

***

вот и заселена
родина мамьих стенок
в горле её страна
горем осиротела

каждый себе отец
родинка или точка
кровь увядает здесь
зрячая кипяточья

долго жила до дна
мама без отраженья
дам ей краюшку дня
чёрствого сна свежее

или сомкну тоску
над головой как пальцы
так заселяют згу
пробуют спать пытаться

а не живут домой
под пеленальным небом
мама укройся тьмой
ветхозаветным светом.

Перечень использованных корней

местоимение — это ты/	корни идут/	трогать тебя а где/	разогну/
вылетело в тела/	ты есть тут/	в непромокаемую темень/	разогни/
от дармового ливня/	мы сами твои/	в тебе трое по памяти/	жгут/
единственной длины/	зрения нахлебники/	нам бы немного нас/	нас больше не ждут/
диаметрально черно/	погорим по полю/	облако сожжено/	мы это они/

***

молоко взглянет на молоко
если оно и оно — вода
разомкну заспанное окно
не открывая глаза сюда

под лицом засуха насовсем
навью за тучами тучи дней
постарел остров уснул осел
якорем ятью бельмом в окне

буквы рыб выживут как мальки
корнем вода молодая льдит
моряки ловят на маяки
стаканами соду гляди как ты

мокнешь без устали не стоишь
заспанно ветер тебя метёт
океан колется но молчишь
облако ветхое не цветёт

маяки в брег окунают льды
голоса выплывут как следы
кто окно сглазил? не я и ты
не уберёгся от маеты.

***

Алексею Кудрякову

сжалуйся как во сне
моё дорогое горе
думаю обо мне
а говорю другое

горе тебе вода
вымокла ты и тонешь
время не увядай
тёплое золотое

небу закрой глаза
голос сотри с дороги
воду узлом связав
я утекаю в ноги

облако под землёй
падает ниц как в корни
стану себе семьёй
и никого запомню

страсти во мне видны
поздним грехом умыты
деревом без воды
горем без горемыки.

СОДЕРЖАНИЕ

www.ingramcontent.com/pod-product-compliance
Lightning Source LLC
Chambersburg PA
CBHW071734020426

42331CB00008B/2024